555 1933

DE

L'INVIOLABILITÉ

DES

REPRÉSENTANTS DU PEUPLE,

PAR M. A. SALME,

AVOCAT A LA COUR D'APPEL,

COLLABORATEUR AUX DIVERS OUVRAGES DE JURISPRUDENCE.

§ I.—Inviolabilité purement politique.

§ II. — Inviolabilité en matière criminelle, subordonnée à l'autorisation préalable de l'Assemblée.

§ III.—Inviolabilité sous le point de vue de l'exercice de la contrainte par corps.

Prix : 1 fr.

PARIS.

IMPRIMÉ PAR E. THUNOT ET CIE,

RUE RACINE, 26, PRÈS DE L'ODÉON.

—

1851.

DE

L'INVIOLABILITÉ

DES

REPRÉSENTANTS DU PEUPLE.

Le 27 décembre 1850, un représentant du peuple est arrêté par les recors, en vertu d'un jugement antérieur du trib. de commerce de la Seine, portant contre lui une condamnation pécuniaire. Fort de l'inviolabilité de sa personne, en sa qualité de membre de l'Assemblée souveraine, le représentant requiert l'intervention de la justice. La justice prononce contre lui, sur le motif que, sous l'empire de la Constitution républicaine de 1848, les membres de la Représentation nationale ne jouissent pas, comme sous les chartes de la royauté, de l'immunité de la contrainte par corps. En conséquence, on passe outre à l'exécution du jugement, et le représentant du peuple est écroué à la maison pour dettes, sans que l'Assemblée en ait été prévenue, sans qu'elle ait eu la moindre connaissance de cette

1851

entreprise audacieuse accomplie sur la personne d'un de ses membres.

L'opinion publique s'est profondément émue de cet acte inqualifiable ; l'Assemblée nationale surtout s'est sentie vivement blessée par cette atteinte portée à sa souveraineté et à son indépendance. La question fut immédiatement portée à la tribune, et un mémorable ordre du jour intervint qui *ordonna* la mise en liberté du représentant incarcéré, ce qui fut exécuté le jour même par les soins de la questure.

Serait-il possible de croire, comme on l'a dit et insinué, que cette inqualifiable mainmise, sur la personne d'un représentant, aurait été exécutée dans un esprit de rivalité et dans le but d'affaiblir et de déconsidérer l'Assemblée nationale ? Il n'y aurait qu'à gémir sur un pareil aveuglement et sur une si grande folie !

On aurait dû y prendre garde : comment n'a-t-on pas craint, en ouvrant cette porte dont la clôture était sacrée, de donner passage à ceux qui voudraient arriver sur d'autres personnes que celles des représentants, sur des personnes dont l'inviolabilité n'est consacrée par la Constitution sous aucun rapport, et qui, plus que toutes autres, peuvent donner lieu à l'action des créanciers !

Qu'est-il arrivé, d'un autre côté, et qu'avons-nous vu à la suite de la mise en liberté du représentant, par l'ordre de l'Assemblée? On a vu, par ce temps de renversement de toutes les notions du juste et du vrai, on a vu le créancier actionner le gardien de la maison pour dettes en dommages-intérêts, pour s'être incliné devant le pouvoir souverain !

Mais si une réparation est légitimement due à quelqu'un, n'est-ce pas au représentant dont l'inviolabilité a été si dédaigneusement foulée aux pieds? Mais si quelqu'un a transgressé son droit, oublié la loi, méconnu toutes les convenances, n'est-ce pas ce créancier cupide qui, passant par-dessus l'Assemblée souveraine, n'a pas craint de porter la main, pour une somme de moins de douze cents francs, sur une personne qu'il savait ou qu'il devait savoir inviolable ?

Nous sommes vraiment étonné de voir que ce ne soit pas M. Mauguin qui, prenant à son tour l'offensive qui lui appartient à si juste titre, porte à ce créancier, devant les tribunaux et devant l'opinion publique, la flétrissure que mérite son action par une demande en dommages-intérêts contre lui.

Quoi qu'il en soit, ce fait inouï dans les annales parlementaires a soulevé une question que nous nous proposons d'examiner ici. C'est une question du plus haut intérêt sur la nature et sur l'étendue de l'inviolabilité des représentants du pays, telle que l'a faite la constitution républicaine de 1848. La question, posée d'abord à la tribune, a été agitée ensuite dans la presse. Dans cette espèce de conflit qui s'est élevé, en cette grave et fâcheuse occasion, entre le pouvoir législatif et le pouvoir judiciaire, les partisans de l'une ou de l'autre opinion se sont trop laissé dominer par les passions politiques et par leur entraînement. C'est dire assez que la difficulté n'a pas été discutée avec impartialité, ni examinée sous toutes ses faces.

Pour l'éclairer, il importe, à nos yeux, de l'exposer sous les trois aspects sous lesquels elle se présente : 1° inviolabilité politique ; — 2° inviolabilité en matière criminelle ; — 3° inviolabilité sous le point de vue de la contrainte par corps par suite de condamnations en matières civile ou commerciale.

§ Ier. — *De l'inviolabilité purement politique.*

La liberté d'opinion et de discussion, cet idéal du plus noble des attributs de l'humanité, peut-elle appartenir aux hommes à l'état de société et de civilisation, d'une manière complète et absolue ? La liberté illimitée de la parole, orale ou écrite, qui semble devoir être pour les hommes l'instrument le plus puissant, sinon le seul, de progrès et de civilisation, présente-t-elle des dangers plus grands que tous les bienfaits qu'elle peut produire ? C'est un problème social qui semble insoluble en France. Tandis que les publicistes et les philosophes proclament la liberté absolue d'opinion et de discussion publiques , comme un droit correspondant et adéquate à la liberté inviolable de penser, c'est-à-dire comme un droit essentiel, inaliénable, indestructible, les hommes politiques et de gouvernement s'appliquent sans cesse, au contraire, sous le prétexte de sauver la société , à maintenir, et souvent à aggraver les entraves qu'une législation jalouse a apportées à cette liberté.

Ce serait une étude curieuse à faire que celle de la législation française sur la liberté de la presse, surtout depuis l'époque où cette liberté de discussion s'étant produite avec éclat dans le journalisme est devenue une arme si puissante et si redoutable. Sans cesse attaquée et sans cesse défendue avec une égale énergie ; illimitée quelquefois , puis restreinte et resserrée aussitôt , elle survit et résiste à tous les obstacles, à toutes les entraves que les lois apportent à sa libre expansion.

Cependant , il faut s'empresser de le reconnaître : au milieu de ces hésitations , de ces incertitudes de l'esprit gouvernemental, et malgré le peu de penchant du pouvoir pour la liberté absolue de discussion et d'opinion, ce principe a survécu et a toujours été consacré en faveur des membres de la Représentation du pays, sauf quelques intermittences qu'on signalera.

La liberté absolue de la tribune nationale a été proclamée et maintenue, en principe du moins. La pensée humaine a donc trouvé un asile sacré, inviolable, d'où elle pût donner un libre cours à ses investigations fécondes ou stériles, à ses conceptions heureuses ou subversives. Cette liberté, nous le savons, est souvent étouffée par les clameurs et l'intolérance des partis qui divisent les Assemblés, ou arrêtée dans sa marche par les formalités du règlement. Mais, on le répète, le principe n'en existe pas moins. Il y a plus : la liberté d'opinion et de discussion est non-seulement absolue à la tribune nationale, mais l'usage de cette liberté ne peut jamais, et en aucun temps, exposer les représentants à aucune recherche, à aucune poursuite, par privilége sur les autres citoyens, lesquels, même sous une législation qui proclamerait la liberté illimitée de la presse et de la discussion, n'en resteraient pas moins responsables de leurs discours ou de leurs écrits et des conséquences qu'ils auraient pu produire.

Cette inviolabilité politique des membres des Assemblées était une mesure essentielle pour assurer leur indépendance et pour maintenir intact le principe de la souveraineté dont ils sont la représentation, surtout dans les gouvernements démocratiques et républicains. Aussi est-ce la première pensée qui a préoccupé les

esprits dès la formation du gouvernement constitu-
tionel.

C'est ainsi que le premier décret de l'Assemblée
constituante, en date du 23 juin 1789, s'applique à
poser la règle en termes qui méritent d'être reproduits :

« L'Assemblée nationale, y est-il dit, déclare que la
» personne de chacun des députés est inviolable ; que
» tous particuliers, toute corporation, tribunal, cour ou
» commission, qui oserait, pendant et après la session,
» poursuivre, rechercher, arrêter ou faire arrêter,
» détenir ou faire détenir un député pour raison d'au·
» cune proposition, avis, opinion, ou discours par lui
» faits aux états généraux, de même que toutes per-
» sonnes qui prêteraient leur ministère à aucun desdits
» attentats, de quelque part qu'ils fussent ordonnés, sont
» infâmes et traîtres envers la nation et coupables de
» crime capital. — L'Assemblée nationale arrête que,
» dans les cas susdits, elle prendra toutes les mesures
» nécessaires pour faire rechercher, poursuivre et pu-
» nir ceux qui en seront les auteurs, instigateurs ou
» exécuteurs. »

Le décret des 13-17 juin 1791, relatif aux fonctions
du corps législatif, formule également ce principe
essentiel et tutélaire de l'indépendance et de la dignité
des représentants de la nation. Les art. 51 et 52 de
ce décret sont ainsi conçus :

« Les représentants de la nation sont inviolables, depuis le moment de leur élection proclamée, pendant toute la durée de la législature dont ils sont membres, et en outre pendant un mois, à compter de l'expiration de cette législature. »

« Aucun représentant de la nation ne pourra être poursuivi devant les tribunaux, ni recherché en aucune manière, *ni en aucun temps*, pour raison de ses opinions, ni pour tout ce qu'il aura dit, écrit ou fait dans l'exercice de ses fonctions de représentant ; il n'est comptable qu'au corps législatif. »

C'est sous une monarchie, il faut le remarquer, sous une monarchie qui avait encore les allures et les traditions de pouvoir absolu, que ce principe de l'inviolabilité et de la souveraineté de l'Assemblée nationale est ainsi établi et consacré.

Les constitutions du 24 juin 1793 (art. 43) et du 5 fruct. an v (art. 110 et suiv.) reproduisent la même règle, en portant interdiction absolue de rechercher en *aucun temps* les membres de la représentation nationale, pour les propositions, discours et opinions par eux émises dans l'exercice de leurs fonctions. — Nous sommes en pleine démocratie.

Dans la constitution consulaire du 22 frimaire an viii et dans les sénatus-consultes organiques des 16 thermidor an x et 28 floréal an xii, cette précieuse sauvegarde de l'indépendance nationale est absente ; elle est complétement passée sous silence. Il ne faut pas s'en étonner ; en l'an VIII, le germe du despotisme impérial commençait à poindre ; en l'an XII, il était épanoui dans toute sa puissance. De quel poids, de quelle importance pouvaient être alors les franchises nationales sous cette main glorieuse, sans doute, mais odieusement tyrannique de Napoléon !

La même lacune existe dans les chartes de 1814 et de 1830 ; il n'y est pas fait mention, non plus, de l'inviolabilité des membres de la législature, du moins à l'égard des députés. Ils ne sont protégés temporairement, comme on le verra aux paragraphes suivants, que contre les poursuites pour crimes et délits, et contre l'exercice de la contrainte par corps. Mais leur inviolabilité politique pour les opinions, discours et écrits faits dans l'exercice de leurs fonctions, est passée sous silence. Les traditions du régime impérial ont été jugées bonnes à suivre en ce point, surtout sous la monarchie de droit divin. Et tout le monde a conservé le douloureux souvenir de l'atteinte qui a été portée à la majesté de l'indépendance de la Représentation nationale, dans la personne de Manuel. La violence qui a été commise sur ce député et son expulsion brutale du sein de l'Assemblée feront la honte éternelle du gouvernement de la Restauration. Sous un pareil régime,

la personne du roi seul était et devait être déclarée inviolable, et ç'aurait été déroger à son prétendu droit
divin, que d'octroyer le même privilége, quoique dans
un autre but, aux représentants de la nation !

Si, sous la monarchie légitime et de droit divin, on
peut, jusqu'a un certain point, expliquer ce mépris de
la souveraineté et de l'indépendance nationale ; comment le justifier dans la charte de 1830, après le triom-
phe du peuple et sous une monarchie pour ainsi dire d'é-
lection ? Louis XVIII, rentrant en France sur les ruines
et sur les désastres de la patrie, a pu dire, en *octroyant*
sa charte, que « bien que l'autorité *tout entière* résidât
» en France dans la *personne du roi*, il consentait à en
» modifier l'exercice. » On comprend qu'il ait pu tenir
un pareil langage, bien que ce fût là une contre-vérité
historique des plus manifestes ; car jamais, ainsi que l'at-
testent tous les publicistes, notre droit public n'a admis,
en principe, que l'autorité tout entière résidât dans la
personne du roi.

Mais comment la charte de 1830 a-t-elle pu commettre un pareil oubli ! Elle reposait, d'une manière
implicite du moins, sur une autre base que celle de
1814 ; elle avait pour principe la souveraineté de la nation. Cela résulte de la déclaration expresse de la chambre des députés du 7 août 1830, qui porte que « Selon
» le vœu et dans l'intérêt du peuple français, le préam-

» bule de la charte de 1814 est supprimé, comme
» blessant la dignité nationale en paraissant octroyer
» aux Français des droits qui leur appartiennent *essen-*
» *tiellement.* » — C'était l'occasion de reprendre et
de remettre en lumière le principe incontesté de l'inviolabilité des membres de la représentation nationale.
Mais souvenons-nous que, selon une qualification tri-
viale mais essentiellement vraie, l'acte constitutionnel
de 1830 fut une charte *bâclée.* — Bâclée, hélas ! comme
la presque généralité de nos lois. Ce serait, en effet,
une œuvre curieuse et qui porterait avec elle de tristes
et douloureuses réflexions, que celle qui se proposerait
pour objet de démontrer avec quelle inconcevable lé-
gèreté, avec quelle incohérence sont rédigées la plu-
part de nos lois ! Cela tient-il au caractère, à l'esprit si
mobile de la nation, ou bien à la défectuosité de l'instrument avec lequel sont fabriquées les lois ?.... Re-
prenons :

Ce n'est, avons-nous dit, qu'à l'égard des députés,
que les chartes de 1814 et de 1830 s'étaient montrées
aussi injurieusement oublieuses. La chambre des ex-
pairs de France y était traitée avec une faveur plus ré-
vérencieuse. Les art. 34 de la première et 29 de la seconde charte, conçus en termes exactement identiques,
portaient : « Aucun pair ne peut être *arrêté* que de l'autorité de la chambre, et jugé que par elle en matière crimi-

nelle. » — Cette disposition, bien qu'elle ne proclamât pas expressément et en principe l'inviolabilité politique des membres de la pairie, la décrétait en fait, puisqu'elle subordonnait l'arrestation de ses membres à l'autorisation préalable de l'Assemblée. Car, et il importe de le remarquer, l'article précité de la charte renfermait deux dispositions bien distinctes : l'une qui interdisait d'une manière générale et absolue toute arrestation d'un membre de la pairie, pour quelque motif que ce pût être, avant que l'Assemblée n'en ait donné l'autorisation ; l'autre qui réservait à la chambre des pairs seule le droit de juger ses membres accusés en matière *criminelle*. La chambre des pairs, assemblée dont les membres avaient un caractère permanent et à vie, était donc la gardienne souveraine et unique de sa dignité et de son indépendance ; et nul ne pouvait y porter atteinte qu'avec son autorisation. — C'est ainsi selon nous, et pour le dire en passant, que doit être compris et appliqué, aujourd'hui encore, le principe de la souveraineté nationale, même au cas de condamnation pour dettes, ainsi qu'on l'expliquera au § 3.

La constitution républicaine des 4-10 nov. 1848 ne pouvait commettre la même faute ni tomber dans le même oubli que les chartes de la royauté. Avec un président de la République, temporaire et essentiellement responsable, toute majesté, toute souveraineté ne pouvait résider que dans la nation seule, et, par suite, dans l'Assemblée nationale unique, qui en est la délégation vivante et la fidèle représentation. Aussi cette constitution, à l'exemple de ses premières aînées, s'explique-t-elle, à cet égard, de la manière la plus expresse, la plus catégorique. L'art. 36 dispose comme suit :

« Les représentants du peuple sont *inviolables.*

» Ils ne pourront être recherchés, accusés ni jugés, en *aucun temps*, pour les opinions qu'ils auront émises dans le *sein* de l'Assemblée nationale. »

Ainsi l'inviolabilité politique des membres de la Représentation, malgré les intermittences injurieuses de la législation de l'empire et des monarchies de 1814 et de 1830, doit être considérée comme un principe incontestable et de tous les temps. Aussi nul n'a jamais contesté l'inviolabilité absolue des membres de la législature, sous le point de vue des discours, des écrits et des opinions par eux émises à la tribune nationale et dans l'exercice de leurs fonctions. On n'a élevé des doutes, comme on le verra, que pour les poursuites à exercer sur leur personne en matières civile et commerciale par la voie de la contrainte par corps.

§ II. — *Inviolabilité des représentants en matière criminelle.*

Lorsqu'il s'agit de crimes ou délits, le principe de l'inviolabilité n'est pas absolu, avec juste raison. Ç'aurait été, en effet, un abus scandaleux que de faire de la position privilégiée des représentants de la nation un asile d'impunité pour tous les crimes et délits dont ils auraient pu se rendre coupables. L'ordre social et la majesté de la justice auraient été profondément blessés d'un tel spectacle.

Mais, d'un autre côté, en matière criminelle, l'indépendance et la souveraineté de la représentation nationale auraient pu courir un grave danger, si on en eût abandonné les membres sans défense à l'action si rapide de la justice répressive. L'histoire nous montre qu'il a existé et qu'il existe un antagonisme pour ainsi dire permanent entre le pouvoir exécutif et le pouvoir législatif. Or les agents auxquels est confiée l'action publique et la poursuite de tous les crimes et délits sont placés directement sous la main du pouvoir exécutif, dont ils dépendent d'une manière absolue. Il était donc à craindre, en présence des passions et de l'animosité des partis qui nous divisent, que le pouvoir exécutif, pour satisfaire ses vengeances ou ses besoins

politiques, ne vînt faire une invasion dans le sein de
l'Assemblée nationale, en faisant arrêter et détenir préventivement un nombre plus ou moins considérable de
ses membres. Les prétextes n'auraient pas manqué :
l'imputation réelle ou supposée d'un crime quelconque,
d'un attentat, d'un complot, d'un délit politique, si
facile à articuler, aurait mis en mouvement l'action du
ministère public, décimé les Assemblées et changé les
majorités.

Les Assemblées ont vu le danger de tous temps, et
l'ont conjuré. Le moyen qu'elles ont employé est très-
simple : elles ont déclaré qu'elles entendaient rester les
souveraines appréciatrices de la légitimité et de l'opportunité des poursuites, en prohibant de la manière la
plus expresse l'arrestation d'aucun de leurs membres
avant qu'elles n'en aient elles-mêmes donné l'autorisation. Par cette mesure pleine de sagesse, tous les intérêts se trouvent conciliés : on évite le scandale de
l'impunité, et on sauvegarde la dignité et l'indépendance de la souveraineté nationale, qui ne doit jamais
être entamée, en effet, que de son autorité et par aucun
autre pouvoir que le sien. Lorsque l'autorisation de
poursuite lui sera demandée, elle l'accordera ou la refusera, selon que les poursuites lui sembleront ou non légitimes et justifiées. Et les Assemblées ont donné, à cet
égard, d'assez nombreux exemples de leur impartia-

lité ; elles ont fait , dans ces derniers temps surtout , d'assez larges hécatombes de leurs membres, pour qu'il ne soit permis à personne de suspecter ni leur justice , ni le danger de l'aveuglement d'esprit de corps si naturel aux hommes.

Telle est donc, disons-nous, la mesure qui concilie les intérêts de la justice répressive et de la société avec ceux de l'indépendance de la souveraineté nationale. — Aussi toutes les constitutions ont-elles décrété ce principe tutélaire. Toutes , sauf le cas de *flagrant délit,* ont déclaré que les poursuites à exercer en matière criminelle contre les membres de la représentation nationale seraient subordonnées à l'autorisation préalable de l'Assemblée. C'est dans ce sens que sont conçus les décrets des 26-27 juin 1790 , du 22 mars 1791, des 13-17 juin 1791 (art. 53), de la constitution du 3 septembre 1791 (tit. 3 , sect. v, art. 8), de la constitution du 24 juin 1793 (art. 44), de celle du 5 fructidor an iii (art. 112 et suiv.) — Sous la monarchie, les chartes de 1814 (art. 34) et de 1830 (art. 29) contenaient une disposition semblable , tant pour les pairs de France que pour les députés.

Enfin, la constitution des 4-10 novembre 1848 reproduit exactement le même principe dans son art. 37 ainsi conçu :

« Les représentants ne peuvent être arrêtés en matière criminelle, sauf le cas de flagrant délit, ni poursuivis, qu'après que l'Assemblée a permis la poursuite. — En cas d'arrestation pour flagrant délit, il en sera immédiatement référé à l'Assemblée, qui autorisera ou refusera la continuation des poursuites... »

Ainsi, en matière criminelle, pas la moindre difficulté : les poursuites, et par conséquent l'inviolabilité des représentants, sont subordonnées à l'autorisation de l'Assemblée.

§ **III.** — *De l'inviolabilité des représentants sous le point de vue de l'exercice de la contrainte par corps, en cas de condamnation en matière civile ou commerciale.*

Est-il vrai que l'inviolabilité des membres de la Représentation nationale, absolue sous le point de vue purement politique, subordonnée à l'autorisation préalable de l'Assemblée en matière de poursuites criminelles, cesse de les protéger, sous la constitution républicaine de 1848, contre l'exercice de la contrainte par corps, pour le payement de dettes civiles ou commerciales ? Est-il vrai que les représentants soient livrés, depuis 1848, à la libre action de leurs créanciers, sans garantie, sans qu'il soit besoin de l'autorisation préalable de l'Assemblée?

L'affirmative est enseignée par plusieurs jurisconsultes dont on parlera dans un moment, et elle a été consacrée par un jugement déjà mentionné du tribunal de la Seine, dont on reproduira également la teneur plus loin.

Mais, hâtons-nous de le dire avant toute discussion, nous nous associons de toute notre force, sinon quant à sa forme insolite, du moins quant à la doctrine, à l'ordre du jour motivé de l'Assemblée nationale qui, le 28 décembre 1850, a brisé une pareille opinion, comme un attentat manifeste à la souveraineté et à l'indépendance des membres de la Représentation du pays.

De ce que la solution est évidente à nos yeux et ressort de la nécessité des choses et de la nature même du caractère des représentants, la question n'en est pas moins ardue, pleine de difficultés et embarrassée d'arguments qu'il faut combattre et écarter.

Ici, en effet, ainsi qu'on va le voir, il n'y a pas seulement, comme cela existe pour l'inviolabilité purement politique, des lacunes et des intermittences dans les précédents et dans l'histoire de la législation; il y a plus, il y a des textes qui statuent en sens opposés, puis un silence, apparent du moins, sur le point dont il s'agit, dans la constitution de 1848.

Commençons, afin de mieux éclairer la question, par exposer d'une manière complète et impartiale les monuments successifs de la législation et les différents actes constitutionnels qui ont trait à ce côté de l'inviolabilité des membres de la Représentation nationale.

Il ressort d'un décret du 7 juillet 1790, que la première Assemblée constituante n'aurait pas été d'avis de garantir à ses membres, d'une manière absolue du moins, l'immunité de la contrainte par corps. Ce décret, rendu sur la réclamation particulière d'un créancier qui demandait à exercer la contrainte par corps contre un représentant, pour le payement d'une lettre de change, est conçu dans les termes suivants :

« L'Assemblée nationale, après avoir entendu la
» lecture de la lettre que le sieur Rollin (le créancier)
» a adressée à son président, a décrété et décrète que
» son président est chargé de répondre au sieur Rollin,
» qu'elle *trouve juste* qu'il exerce contre son débiteur
» tous les droits et *toutes les contraintes* que lui assure
» la loi. »

M. Troplong, dans son Commentaire de la contrainte par corps (*Préface*, p. CLXXX), cite également, sur la foi de plusieurs publicistes qui l'ont précédé, un autre décret du 17 mars 1791 qui, ayant à statuer également sur la question de savoir si les membres de l'Assemblée devaient être soumis à la contrainte par corps, aurait déclaré qu'ils restaient, à cet égard, sous l'empire du droit commun. Mais ce décret n'existe pas à la date indiquée, et ne se trouve dans aucune collection.

Toutefois, à défaut de ce décret, il y en a un autre, celui des 13-17 juin 1791, relatif aux fonctions et à l'organisation du corps législatif, qui contient une disposition expresse et formelle à cet égard; l'art. 54 dispose comme suit :

« En matière civile, toute contrainte légale pourra » être exécutée sur les biens d'un représentant ou *contre* » *sa personne*, tant que la contrainte par corps aura » lieu, *comme contre les autres citoyens.* »

Arrêtons-nous un instant. Ce dernier décret, chose importante à noter, est le seul qui soit complet sur les trois espèces d'inviolabilité des représentants : les art. 51 et 52 (déjà cités au § 1er) établissent l'inviolabilité politique; — l'art. 53 consacre, pour les poursuites criminelles, l'inviolabilité subordonnée à l'autorisation préalable de l'Assemblée; — enfin l'art. 54 ci-dessus brise cette inviolabilité en faveur des créanciers, et abandonne les représentants, comme tous les autres citoyens, à la libre action des porteurs de contrainte.

Le décret précédent, du 7 juillet 1790, n'allait pas si loin : comment, en effet, les choses se sont-elles passées à cette première époque? On voit un créancier qui n'ose pas, malgré le jugement dont il est porteur, mettre la main sur la personne d'un représentant, à cause de l'inviolabilité dont sa personne est revêtue. — Comment s'y prend-il? Il s'adresse à l'Assemblée, à qui seule appartient le droit de dépouiller un de ses membres de ce privilége d'immunité. Et effectivement, l'Assemblée fait répondre au créancier qu'elle lui abandonne son débiteur, et qu'il peut exercer contre lui toutes les contraintes que lui assure la loi. — En donnant cette réponse, que fait l'Assemblée? Elle accorde précisément l'autorisation de poursuivre. Et c'est la nécessité de cette autorisation et de cette forme de procéder que, pour le répéter en passant, nous réclamons aujourd'hui, en matière de contrainte par corps comme en matière de poursuites criminelles; ni plus ni moins.

Les constitutions du 3 sept. 1791, du 24 juin 1793, du 5 fruct. an III, gardent un silence absolu sur la question de savoir si la contrainte par corps peut être exercée contre les membres de la représentation nationale. Elles ne s'expliquent (comme on l'a vu) que pour assurer, d'une part, l'inviolabilité absolue des représentants sous le point de vue politique, et, d'autre part, pour subordonner les poursuites criminelles à exercer contre eux à l'autorisation préalable de l'Assemblée.—Conclura-t-on de ce silence que, sous l'empire de ces constitutions, en pleine démocratie, alors que toute majesté et toute inviolabilité résidaient dans les Assemblées nationales, les représentants devaient cesser d'être protégés contre la contrainte par corps pendant la durée de leur mandat, sans la permission de l'Assemblée? Une telle conséquence nous semble inadmissible ; on en donne les raisons plus loin.

En l'an VIII, en l'an X et en l'an XII, les constitutions et sénatus-consultes organiques gardent non-seulement le silence sur la question qui nous occupe, mais ils ne parlent même (ainsi qu'on l'a fait remarquer dans les paragraphes précédents) ni de l'inviolabilité politique ni de la nécessité de subordonner les poursuites criminelles contre les membres de la représentation nationale à l'autorisation de l'Assemblée.— C'est le despotisme glorieux de l'empire qui s'avance et qui règne : la pensée seule de franchises nationales et d'inviolabilité pour toute personne autre que celle du maître est une idée odieuse qui ne peut même trouver place sur le papier.

Nous arrivons aux chartes de 1814 et de 1830. Ces actes constitutionnels ont adopté un système diamétralement contraire à celui des décrets précités du 7 juillet 1790 et des 13-17 juin 1791. Sous leur empire les membres de la législature, députés et pairs de France, sont expressément affranchis de l'exercice de la contraînte par corps. — Le mode de protection, il faut le remarquer, n'est pas le même, il est vrai, pour les uns et pour les autres.

Les *députés* en étaient affranchis d'une manière absolue pendant toute la durée de la session et dans les six semaines qui l'avaient précédée et suivie. — Voici, en effet, comment disposaient à cet égard les chartes de 1814 et de 1830, dont les termes sur ce point étaient exactement identiques :

« Aucune contrainte par corps ne peut être exercée contre un membre de la chambre des députés, durant la session, et dans les six semaines qui l'auront précédée ou suivie. » (Art. 51 et 43.)

Ainsi, rien de plus formel que ce texte : l'inviolabilité des députés était absolue, sous le point de vue de la contrainte par corps, pendant tout le temps fixé par la charte. La chambre elle-même n'aurait pas eu le droit d'accorder aux créanciers l'autorisation de poursuivre pendant la durée de ce privilége, en dépouillant, par une décision parlementaire, le caractère d'inviolabilité du débiteur poursuivi.

A l'égard des *ex-pairs de France*, les chartes de 1814 et de 1830 ne les avaient pas livrés non plus à la libre action de leurs créanciers. Mais leur inviolabilité, sous le point de vue de la contrainte par corps, n'était pas absolue, comme celle des députés, pendant toute la durée de la session et dans les six semaines qui l'avaient précédée ou suivie. Les chartes se bornaient à dire toutes deux, en termes également identiques :

« Aucun pair ne peut être arrêté que de l'autorité de la chambre, et jugé que par elle en matière criminelle. » (Art. 34 et 29.)

Au paragraphe précédent nous avons déjà fait remarquer que cet article était composé de deux dispositions distinctes : l'arrestation, puis le jugement en matière criminelle. La première, celle dont nous avons à nous occuper ici, porte d'une manière générale, l'interdiction *d'arrêter* un pair de France sans l'autorisation de l'Assemblée. Cette interdiction est absolue ; quelle que soit la cause pour laquelle un pair aurait été poursuivi, sa personne était inviolable tant que l'Assemblée n'avait pas autorisé son arrestation. Et cette autorisation, elle pouvait, à la différence de la chambre des députés, la donner en tout temps et même pendant la durée des sessions. Pourquoi cette différence ? par une raison plausible : parce que les pairs, nommés à vie, avaient par cela même dans leur personne un privilége d'inviolabilité *permanente* qui les suivait en tout temps et qui ne pouvait pas expirer, comme celui attaché au mandat temporaire des députés, à la fin des sessions ou à la fin des législatures. Il fallait donc, pour les rendre contraignables par corps, que l'Assemblée elle-même intervînt, pour les dépouiller de leur caractère inviolable et les livrer ensuite aux légitimes poursuites de leurs créanciers. — Nous reviendrons sur cette idée, qui nous semble consacrer le vrai principe à suivre à l'égard des membres des Assemblées *permanentes*, comme sont les Assemblées actuelles.

Nous arrivons maintenant au cœur même de la difficulté. La Constitution républicaine des 4-10 novemb. 1848, par une raison sans réplique, comme on le démontrera dans un moment, ne contient pas de disposition nommément relative à l'exercice de la contrainte par corps contre les membres de l'Assemblée nationale. Dans un pareil état de choses, on demande : sont-ils contraignables de plein droit, sans l'autorisation de l'Assemblée, comme sous l'empire du décret précité des 13-17 juin 1791 ? Ou bien l'action des créanciers est-elle subordonnée à l'autorisation préalable de l'Assemblée, comme cela avait lieu, sous la monarchie, pour les pairs de France ? Ou bien, enfin, l'inviolabilité est-elle absolue, comme pour les ex-députés, pendant toute la durée du mandat du représentant débiteur ?

Du silence de la Constitution de 1848 sur ce point, M. Durand, rapporteur de la loi du 13 décembre 1848, qui a rétabli la contrainte par corps, dont l'exercice avait été suspendu par le gouvernement provisoire ; M. Troplong (Comment., n° 745) ; M. Paillard de Villeneuve, avocat, dans une dissertation publiée dans la *Gazette des trib.* du 4 janvier 1851, concluent que les membres de l'Assemblée actuelle ne jouissent pas de l'immunité de la contrainte par corps ; qu'ils sont placés, à cet égard, sous l'empire du droit commun, c'est-à-dire contraignables de plein droit et sans l'autorisation de l'Assemblée.

Et c'est en ce sens également que la question a été tranchée par le tribunal civil de la Seine, qui avait été saisi de cette grave difficulté de droit constitutionnel, par suite de l'arrestation d'un des membres de l'Assemblée contre lequel la contrainte par corps avait été prononcée pour le payement d'une somme de moins de douze cents francs (1).

______

(1) Voici ce jugement (M. Mauguin contre le sieur Chéron) :

LE TRIBUNAL ; — Attendu que sous l'empire des Constitutions de 1814 et de 1830, les députés ne pouvaient être contraints par corps que dans les cas spécialement déterminés ; que la Constitution de 1848 n'accorde aucune immunité aux représentants pour ce qui concerne la contrainte par corps en matière civile et commerciale que les exceptions proposées en leur faveur à la loi du 17 avril 1832 n'ont pas été converties en loi ;— D'où il suit que les représentants restent aujourd'hui placés, à cet égard, dans les termes du droit commun ; — Ordonne qu'il sera passé outre à l'écrou ; ce qui sera exécuté par provision, nonobstant appel et sans y préjudicier.

Du 27 déc. 1850. Tribunal de 1re inst. de la Seine ; M. de Belleyme, président.

C'était, comme on le voit, trancher la question d'une manière bien rapide. Et il y a lieu de s'étonner que le tribunal de la Seine ait pu induire une solution aussi grave du seul silence de la Constitution de 1848 sur le point dont il s'agit. Comment n'a-t-il pas hésité, en présence de ces difficiles et diverses interprétations que la question présente et que nous venons de formuler? Du moment qu'aux yeux du tribunal de la Seine, la Constitution de 1848 ne s'expliquait pas à cet égard, il a dû nécessairement s'en référer aux législations précédentes. C'est ce qu'il a fait. Et il a été prendre, de préférence, le droit rigoureux de 1791 qui livrait les membres de la Représentation nationale à la libre action de leurs créanciers, au lieu de s'attacher au système des chartes de 1814 et de 1830, qui protégeaient, au contraire, de la manière la plus expresse, les membres de la législature contre l'exercice de la contrainte par corps!!!

Est-ce là, nous le demandons à tous les jurisconsultes, la manière avec laquelle on doit appliquer la règle dans les matières de droit rigoureux et irritant?

Comment! il s'agit de la dignité et de l'indépendance nationale, il s'agit de l'inviolabilité d'un représentant du pays, il s'agit de la liberté d'un citoyen, et le tribunal, en présence de textes qui se contredisent, qui offrent des doutes, ne se prononce pas, oubliant ainsi les maximes, les règles les plus élémentaires de la justice, ne se prononce pas en faveur du droit de l'Assemblée contre celui de l'incarcérateur, en faveur de la liberté contre l'exécuteur de la contrainte par corps !

Cet oubli des principes les plus élémentaires du droit et de la justice suffirait seul pour condamner la doctrine du tribunal de la Seine et celle des partisans qui s'y sont ralliés.

Toutefois, nous ne voulons pas les laisser dans leur illusion (s'ils en ont) sur la valeur des arguments qu'ils ont mis en avant pour appuyer leur funeste doctrine.

On argumente, en premier lieu, du silence de la Constitution de 1848, pour livrer les représentants sans défense à l'exercice de la contrainte par corps. Mais ce silence est-il bien réel ? Il y aurait lieu d'en douter, en présence de l'art. 36 qui déclare, en termes généraux, absolus : « Les représentants du peuple sont *inviolables...* » Nous savons qu'on va nous répondre que cette disposition, tout absolue qu'elle paraisse, doit être coordonnée avec le reste de l'article qui en donne l'explication et la portée, en la renfermant dans l'inviolabilité politique proprement dite, c'est-à-dire pour les opinions émises dans le sein de l'Assemblée nationale. Nous pourrions répliquer à notre tour : mais c'est là une interprétation arbitraire qu'il vous plaît de donner à l'art. 36 ; voyez-en donc la construction grammaticale. Cet article est composé de deux phrases bien distinctes, qui ont chacune un sens complet, et qui sont même séparées par un alinéa. Et si nous vous disions, à notre tour, dans cette première phrase (Les représentants du peuple sont inviolables), le législateur de 1848 a posé un principe général, absolu, destiné à protéger les membres de l'Assemblée nationale contre toutes les poursuites qu'on voudrait exercer contre eux, de quelque nature qu'elles puissent être; si nous vous disions qu'il a dû ériger cette prohibition en principe général, précisément parce qu'il ne devait pas, parce qu'il ne pouvait pas, par des raisons qu'on expliquera tout à l'heure, s'occuper de la contrainte par corps. — Si, en présence de la seconde disposition de l'art. 36 qui est parfaitement claire et qui se suffit également par elle-même, si nous soutenions que telle a été la volonté, l'intention des auteurs de la Constitution de 1848, nous ne serions pas seuls de cet avis. Nous trouverions des appuis recommandables; nous aurions l'opinion de deux représentants, dont l'un, M. de Vatimesnil, est un jurisconsulte connu et estimé à juste titre.

D'un autre côté, le silence de la Constitution de 1848 sur le droit d'exercice de la contrainte par corps contre les membres de la représentation nationale, ne s'explique-t-il pas? n'est-il pas fondé en raison? A l'époque où l'Assemblée s'occupait de la rédaction de cet acte constitutionnel, et même à l'époque où il fut promulgué, les 4-10 novembre 1848, la contrainte par corps *était suspendue*. Un arrêté du 9 mars 1848, du gouvernement provisoire, avait décrété cette mesure suspensive de la contrainte par corps dans l'espérance que l'Assemblée, qui allait être convoquée, *abolirait* définitivement cette voie rigoureuse d'exécution, depuis longtemps attaquée comme un débris de l'esclavage antique, et contre laquelle des esprits nouveaux et ardents avaient recommencé de s'élever avec force. L'Assemblée s'est montrée, il est vrai, plus prévoyante que le gouvernement provisoire et que ces hardis novateurs, sur les véritables intérêts du crédit et du commerce, en rétablissant et en maintenant la contrainte par corps par la loi du 13 décembre 1848. — Mais toujours est-il qu'à l'époque de la confection et de la promulgation de la Constitution, la contrainte par corps *n'existait plus en fait;* qu'il pouvait y avoir incertitude si elle serait ou non rétablie; que, par conséquent, il y avait impossibilité pour les constituants d'en faire mention dans le pacte constitutionnel.

On objecte que, pendant le vote des articles successifs de la Constitution, et dès le 1ᵉʳ septembre 1848, une commission avait été nommée à l'effet de proposer un projet de loi pour le rétablissement de la contrainte par corps, et que même l'Assemblée en avait commencé la discussion, lorsqu'elle se vit forcée de renvoyer le projet à une nouvelle commission, à cause des nombreux amendements dont il se trouvait hérissé. — On conclut de cette circonstance que l'Assemblée n'ignorait donc pas, à l'époque de la confection de la Constitution, que la contrainte par corps serait rétablie ; ce qui, ajoute-t-on, donne une signification au silence qu'elle a gardé à cet égard, en ce qui touche l'immunité des représentants...

Nous répondons que la nomination d'une commission pour proposer le rétablissement de la contrainte par corps, et que même le commencement d'une discussion par l'Assemblée, sont loin d'équivaloir à une certitude sur le résultat définitif du vote. Qui donc serait assez pénétrant, en effet, en présence de la mobilité de nos Assemblées françaises, pour prédire d'avance le résultat du scrutin ? Qui l'oserait, lorsqu'on a vu des projets de loi, adoptés successivement dans toutes leurs dispositions, être rejetés au scrutin définitif ? — Nous disons plus : par cela même qu'une loi spéciale devait être portée pour rétablir la contrainte par corps ; par cela même qu'une commission en était saisie, la Constitution devait garder un silence absolu sur tout ce qui pouvait avoir trait à cette voie d'exécution. Si elle en eût parlé, soit pour en garantir les membres de l'Assemblée, soit pour les y soumettre, elle aurait manqué à tous les devoirs du législateur ; elle aurait préjugé, par ce précédent intempestif et irrationnel, le sort d'une loi future pour laquelle elle s'était dépouillée de son autorité législative, en chargeant une commission spéciale d'en préparer et d'en élaborer les éléments.

Allons plus avant, et prouvons, par des *faits législatifs*, que l'Assemblée constituante, loin de vouloir, par le prétendu silence de la Constitution à cet égard, abandonner les représentants à l'exercice de la contrainte par corps, les a toujours considérés, au contraire, comme régulièrement à l'abri de cette voie rigoureuse d'exécution.

C'est ainsi, en premier lieu, que lors de la confection de la loi spéciale du 13 décembre 1848, qui a rétabli la contrainte par corps dont l'exercice avait été suspendu par le gouvernement provisoire, la sous-commission s'était occupée de la question de l'immunité en faveur des représentants. Dans le projet de loi, une disposition expresse avait été insérée qui avait pour objet de ne permettre de les emprisonner pour dettes qu'après l'autorisation obtenue de l'Assemblée nationale. C'était, comme on le voit, revenir à la règle suivie à l'égard des ex-pairs de France. A la seconde lecture, cette proposition fut rejetée. Pourquoi? Parce qu'on a pensé, très-probablement, que la Constitution, dans les art. 36 et 37, protégeait suffisamment la personne des représentants contre l'exercice de la contrainte par corps, et qu'il n'était pas besoin, dès lors, d'insérer une disposition sur ce point dans une autre loi quelconque. On a donné également pour motif de ce rejet, que cette proposition, présentant un caractère purement politique, ne devait pas, quoiqu'elle renfermât un principe incontestable, venir se placer dans une loi d'intérêt privé. Ce motif de rejet témoignerait, en tout cas, de l'intention manifeste du législateur de mettre les représentants sous la sauvegarde de l'autorisation de l'Assemblée.

C'est ainsi, en second lieu, que lorsqu'il s'est agi, dans le courant de février 1849, de rendre *saisissable le traitement* ou l'indemnité allouée aux représentants, la proposition faite dans ce but était justifiée par son auteur d'après les considérations suivantes si dignes de remarque.

« Aux *termes de la Constitution*, disait M. Luneau,
» auteur de la proposition, le représentant est *invio-*
» *lable; aucune contrainte par corps ne peut être exercée*
» *contre sa personne pendant toute la durée de son man-*
» *dat.* — Dans les anciennes assemblées, les sessions
» n'étaient que de six mois environ ; pendant les six

» autres mois, les créanciers pouvaient exercer des
» poursuites et obtenir même la contrainte par corps.
» La Constitution actuelle déclare que l'Assemblée est
» permanente. Dès lors, pendant trois ans, les repré-
» sentants ne pourront être soumis à aucune poursuite
» entraînant la contrainte par corps ; il n'y aura aucune
» action à exercer contre eux. Vous ne pouvez pas,
» messieurs, leur accorder, *en outre*, un privilége
» aussi exorbitant que celui de ne pas payer leurs
» dettes. »

Et c'est sur ces observations si catégoriques et si
précises, que l'Assemblée a adopté le projet de loi pro-
posé tendant à rendre désormais saisissable l'indemnité des représentants. Donc, d'après ce vote et dans
la pensée du législateur, la personne des représentants était inviolable de par la Constitution. De sorte
qu'en votant cette disposition pour rendre saisissable
l'indemnité, l'Assemblée s'est approprié les motifs,
les paroles mêmes donnés par M. Luneau.

Et puisque nous sommes sur l'indemnité allouée aux
représentants et sur le caractère de saisissabilité que
l'Assemblée a cru devoir lui donner, profitons de l'occasion pour y puiser un argument également décisif à
l'appui de la thèse que nous soutenons ici. Sous les
monarchies légitime et constitutionnelle, les députés
ne recevaient aucune indemnité qui vînt donner prise

à l'action des créanciers ; et cependant leur personne
était inviolable d'une manière absolue pendant toute
la durée de la session. Et aujourd'hui, qu'une indemnité
est accordée aux membres de la Représentation nationale et mise, par la saisissabilité, à la disposition des
créanciers, indemnité considérable puisqu'elle s'élève
à plus de 9,000 fr. par année, on voudrait qu'il n'en
fût pas de même. Comment ! nous voici dans un état
de choses qui offre aux créanciers un nouveau gage,
une garantie sérieuse et considérable, outre les res-
sources et les biens personnels des représentants ; cette
garantie nouvelle est mise à la disposition de ces
créanciers, et cela ne leur suffit pas ; ils prétendent
encore avoir droit sur la personne et pouvoir briser
l'inviolabilité du caractère de l'homme public, et cela
dans leur intérêt privé, sans avoir besoin de l'autori-
risation préalable de l'Assemblée ! ! Est-ce admis-
sible ?

Allons plus loin ; à supposer que l'art. 36 n'eût pas le
caractère général qu'on lui attribue, et que l'inviolabilité qu'il proclame ne dût s'entendre que d'une immunité essentiellement et exclusivement politique,
est-ce qu'il n'existe pas, dans la Constitution, d'autre
texte pour protéger les représentants contre la libre
action de leurs créanciers ; est-ce que la nécessité de
l'intervention de l'Assemblée ne dérive pas de la na-

ture essentielle des choses et de la position politique des personnes ?

L'inviolabilité des Assemblées natiolales est surtout de l'essence du régime démocratique et républicain , puisque son principe repose sur la souveraineté, dont l'exercice et l'action ne peuvent jamais avoir de discontinuité. C'est la souveraineté nationale qui crée le pouvoir législatif comme tous les autres pouvoirs. Donc elle lui imprime nécessairement le caractère de continuité qui est dans sa nature , et par suite celui d'inviolabilité et de permanence.

De ces propositions évidentes, nous tirons la conséquence, par une déduction *à fortiori*, que l'art. 37 de la Constitution protége également les représentants contre l'exercice de la contrainte par corps, tant que les créanciers n'ont pas obtenu l'autorisation de l'Assemblée.

Nous raisonnons de la manière suivante : Dans quel but et pour quel motif cet art. 37 défend-il , à l'exemple de toutes les constitutions et des chartes de la royauté, d'arrêter et de poursuivre, en matière criminelle, les membres de la Représentation nationale, avant que l'Assemblée n'en ait donné elle-même l'autorisation ? C'est afin de maintenir intactes la dignité et l'indépendance de cette Assemblée, qui est le premier pouvoir de l'État, la vivante représentation de la souveraineté ; c'est parce qu'il serait contradictoire

qu'une autre autorité, quelle qu'elle fût, pût venir
entamer l'Assemblée souveraine, en portant la main
sur un de ses membres sans son ordre ou sans sa permission. C'est afin de paralyser les poursuites inconsi-
dérées, vexatoires, intempestives, que l'Assemblée a
entendu demeurer la souveraine appréciatrice de la
convenance ou de la nécessité de ces poursuites. Autre-
ment, sa dignité et sa considération auraient reçu le
contre-coup inévitable des atteintes partielles et suc-
cessivés portées à ses membres, en les laissant enlever
ainsi à l'exercice des hautes fonctions auxquelles ils
sont appelés. Or, s'il en est ainsi en matière criminelle,
alors que les représentants se seraient rendus coupables
des crimes les plus graves, les plus odieux, c'est-à-dire
dans une matière qui intéresse essentiellement l'ordre
public, l'intérêt général et le besoin de la justice;
comment peut-on admettre, un seul instant, qu'il
n'en doive pas être de même, à plus forte raison, alors
qu'il s'agit seulement de l'intérêt privé d'un créancier
plus ou moins sérieux, et d'une demande d'arrestation
pour le payement d'une dette civile ou commerciale
dans l'intérêt d'un individu! Comment! l'action du
ministère public, ce magistrat protecteur et vengeur de
la société, puis les mandats d'arrêt ou d'amener du juge
d'instruction, enfin les décisions judiciaires des chambres d'accusation; tous les organes de la justice répres-

sive sont forcés de s'arrêter devant le principe de l'inviolabilité nationale, alors que les magistrats ont en main cependant les preuves de la culpabilité des représentants accusés, et on prétendrait qu'un créancier pourrait avoir le droit de se jouer de cette inviolabilité et de venir exercer la contrainte par corps sur un représentant de la nation, sans daigner en prévenir l'Assemblée, sans en avoir obtenu l'autorisation! Cela nous paraît insoutenable, et il y a là, on le répète, un argument d'*à fortiori*, dont il est impossible de méconnaître la puissance et la portée.

Deux objections se sont produites contre cette interprétation : on oppose 1° la différence qui existe entre les poursuites criminelles et l'exercice de la contrainte par corps ; 2° le caractère de permanence de l'Assemblée actuelle. — Examinons la valeur de ces objections.

1° Pour essayer d'affaiblir notre argument à fortiori, dont on sent toute la valeur, on dit : Pour quelle raison, en matière criminelle, les membres de la représentation nationale ne peuvent-ils être poursuivis sans le contrôle de l'autorisation préalable de l'Assemblée, alors qu'on soutient qu'ils peuvent au contraire, en matière civile et commerciale, être passibles de la contrainte par corps, sans cette autorisation ? Cela résulte de la nature différente qui existe entre les poursuites en matière criminelle et l'exercice de la contrainte par corps. En matière criminelle, l'action publique est mise en mouvement par des agents qui sont placés directement sous la main du pouvoir exécutif, ce rival ombrageux et éternel du pouvoir législatif. Or, si on n'eût pas pris soin de protéger les représentants de la nation contre l'action du ministère public, rien n'eût été plus facile, selon les passions du moment et les besoins de la politique, de faire arrêter préventivement, sous une imputation criminelle quelconque, un nombre plus ou moins considérable de représentants, de paralyser ainsi l'exercice de la mission du pouvoir législatif et de déplacer les majorités. L'exercice de la contrainte par corps présente-t-il les mêmes caractères et a-t-il les mêmes dangers ? Non, ajoute-t-on ; l'exercice de la contrainte par corps ne dépend pas du ministère public ; il n'est pas libre d'user et d'abuser ici de son droit de poursuite, comme en matière criminelle ; loin de là, la contrainte par corps ne dérive que du fait même du débiteur ; elle ne peut avoir lieu qu'en vertu d'un jugement passé en force de chose jugée. Que les représentants payent leurs dettes ou s'abstiennent de contracter des obligations entraînant la contrainte par corps, et nul n'aura le pouvoir de les enlever à leurs fonctions par l'abus ou l'exercice illégal d'un droit qui n'existe pas ici (Voyez la *Gazette des Tribunaux*, du 4 janvier 1851).

Telle est la première objection ; nous nous sommes attaché à ne pas l'affaiblir. Voici comment nous y répondons :

D'abord, pour donner de la force à l'objection, on suppose que la contrainte par corps exercée contre un représentant ne dérive que des lettres de change qu'il a souscrites ou d'obligations par lui librement et valablement contractées et qu'il se refuse à remplir, et on s'écrie avec malice (*Gazette des Tribunaux*, *loco citato*) : Est-ce que c'est le ministère public qui vous force à souscrire des lettres de change ? On oublie donc ou on feint d'oublier que la contrainte par corps est attachée à une foule de cas où le contraignable ne s'est pas directement engagé, où il peut être pris à l'improviste, de bonne foi. Par exemple, et aux termes de l'art. 2060 du code civil, la contrainte par corps est impérativement prononcée pour dépôt nécessaire, — en cas de réintégrande, — pour représentation des choses déposées aux séquestres, contre les cautions judiciaires. Bien plus, elle peut être prononcée pour le payement d'une condamnation à des *dommages-intérêts* d'une valeur de 300 fr. Et ces condamnations à des dommages-intérêts pour une somme aussi minime, qui livre la liberté des citoyens à l'arbitraire illimité des tribunaux, forment un domaine infini. Un représentant peut être condamné à des dommages-intérêts pour le fait d'autrui, et comme responsable, aux termes des art. 1384 et suiv. du Cod. civ., des personnes ou des choses qu'il a sous sa garde, c'est-à-dire par le fait de ses enfants mineurs, de ses domestiques, de ses animaux, de ses bâtiments dont la ruine préjudicie à autrui. Et lorsque, dans un de ces cas et bien d'autres encore, un jugement par défaut rapidement passé en force de chose jugée aura été rendu contre le représentant responsable, avec contrainte par corps, on pourrait venir l'arrêter, le soustraire à ses importantes fonctions, au milieu des travaux de rapporteur d'une loi urgente dont il peut être chargé, et cela, sans l'autorisation de l'Assemblée ! ! !

Que nous dit-on, d'un autre côté, qu'en matière criminelle, l'autorisation est exigée parce qu'il n'y a pas, comme pour l'exercice de la contrainte par corps, de décision judiciaire passée en force de *chose jugée* qui puisse autoriser l'arrestation d'un représentant ? Est-ce sérieusement qu'on s'appuie sur une pareille raison ? Est-ce que, par hasard, les décisions des chambres des mises en accusation ne sont pas des jugements proprement dits qui peuvent acquérir également l'autorité de la chose jugée, sous le point de vue de la mise en accusation et par conséquent de l'arrestation des personnes ? Et lorsqu'un arrêt de la chambre d'accusation sera intervenu qui renverra un représentant soit devant une cour d'assises, soit devant une autre juridiction criminelle, l'arrestation de l'accusé ne dérivera-t-elle pas d'une décision judiciaire? Et alors n'aurait-on pas le droit de dire, comme vous le faites en cas de contrainte par corps : Il y a jugement ; laissez passer la justice des tribunaux. Et cependant, c'est ce qui ne peut pas avoir lieu : la Constitution veut qu'en matière criminelle, l'arrestation d'un représentant ne puisse se faire qu'après l'autorisation de la chambre, soit que le ministère public veuille agir par voie de détention préventive, soit qu'on veuille procéder à l'arrestation des représentants incriminés pour les conduire devant la juridiction criminelle en vertu d'arrêts de mise en accusation passés en force de chose jugée.

On le voit donc, l'argument conserve toute sa force ; et nous sommes toujours en droit de dire que si les représentants qui se sont rendus coupables des crimes les plus odieux ne peuvent être poursuivis ni arrêtés néanmoins qu'après que l'Assemblée en a donné l'autorisation, il en doit être ainsi, à plus forte raison, lorsqu'il s'agit de l'exercice de la contrainte par corps dans l'intérêt privé d'un créancier plus ou moins sérieux.

Quant à la seconde objection tirée de la *permanence* des assemblées actuelles, avec faculté, pour les représentants, de se faire réélire indéfiniment ; ce qui leur assurerait, au préjudice de leurs créanciers, un privilége également permanent contre la contrainte par corps, il n'y a qu'un mot à répondre : l'immunité n'est

pas l'impunité, pas plus, ici qu'en matière criminelle.
Que demande-t-on, en effet ? ce n'est pas de soustraire
indéfiniment les représentants à l'action légitime de
leurs créanciers. Non ; c'est seulement d'obliger ceux-
ci à s'adresser préalablement à l'Assemblée qui a seule
le droit de dépouiller ses membres de leur inviolabilité.
Si la dette est légitime et les poursuites nécessaires ,
l'Assemblée livrera le débiteur. C'est, d'ailleurs, ce
qui se pratiquait à l'égard des ex-pairs de France qui,
eux aussi , avaient un caractère permanent d'inviolabilité. Et, en consultant les annales parlementaires de cette
époque, on trouvera plusieurs exemples où la chambre
des pairs a autorisé l'exercice de la contrainte par corps
contre ceux de ses membres qui se refusaient à payer
leurs dettes. Tout concourt donc à l'appui de notre thèse.

Aussi l'Assemblée a-t-elle adopté, dans sa séance du
28 décembre 1850, un ordre du jour motivé qui consacre l'opinion que nous soutenons ici. On a dit ci-
dessus dans quelle circonstance elle a dû se prononcer
ainsi ; il nous reste à faire connaître les termes de cet
ordre du jour ; ils sont conçus comme suit : « L'As-
» semblée législative *ordonne* que M. Mauguin, repré-
» sentant du peuple (le membre qui avait été arrêté),
» dont l'inviolabilité ne peut être atteinte que par un
» décret de l'Assemblée, *soit mis immédiatement en li-*
» *berté*, et passe à l'ordre du jour. »

La doctrine qui ressort de cet ordre du jour est exactement celle que nous voulons faire dériver de la Constitution.

MM. de Vatimesnil et Creton, dont on a déjà cité le sentiment, vont plus loin : ils soutiennent non-seulement que l'article 36 a posé un principe général auquel l'art. 37 forme la seule exception; mais que, hors cette seule exception, qui ne fait que confirmer le principe, l'inviolabilité est tellement absolue, que l'Assemblée elle-même n'aurait pas le droit de la lever par des décisions parlementaires ni même par une loi, sans violer la constitution actuelle.

Nous ne voudrions pas aller jusque-là. A nos yeux, il ne doit exister d'inviolabilité absolue, en faveur des représentants du pays, que pour les opinions par eux émises au sein de l'Assemblée, dans l'exercice de leurs fonctions; et nous approuvons, sans réserve, comme la sauvegarde de l'indépendance et de la souveraineté, l'inviolabilité de la tribune nationale, telle qu'elle se trouve consacrée. Mais, dans tous les autres cas de poursuites à exercer contre les membres de la Représentation du pays, l'inviolabilité ne doit être que relative et subordonnée à l'autorisation préalable de l'Assemblée qui, pour l'exercice de la contrainte par corps contre les représentants, de même que pour les poursuites criminelles à exercer contre eux, accordera ou refusera l'autorisation, selon les circonstances, selon l'opportunité ou la légitimité du droit des créanciers. Car il ne faut pas oublier que si l'inviolabilité des Assemblées est de l'essence des gouvernements démocratiques et républicains, il y a aussi un autre principe écrit dans nos institutions, un principe supérieur à l'inviolabilité des personnes considérées isolément, c'est celui de l'égalité de tous devant la loi. Ce principe est dans nos mœurs, dans les exigences de l'opininion publique. Et, pour en obtenir l'application dans le cas qui nous occupe, il n'y aura qu'une formalité préalable à remplir, la demande de l'autorisation de l'Assemblée.

Et c'est effectivement dans ce sens que des propositions viennent d'être déposées à l'Assemblée et renvoyées d'urgence dans les bureaux.

Mais, nous devons l'avouer, notre esprit n'est pas sans perplexité devant la physionomie et devant l'allure nouvelles que cette mesure législative va donner à la grave question de droit constitutionnel qui nous occupe.

Si elle adopte les nouveaux projets de loi dont elle est saisie, que fait l'Assemblée nationale et que devient son fameux ordre du jour du 28 décembre 1850, par lequel, dans une forme insolite, on pourrait dire inconstitutionnelle, elle a brisé une décision judiciaire, et ordonné la mise en liberté immédiate du représentant incarcéré ? Elle se déjuge, elle se contredit ouvertement. En effet, de deux choses l'une : ou la constitution de 1848 protégeait les représentants contre l'exercice de la contrainte par corps, ou elle ne les protégeait pas. Si elle les protége, et si cette protection est dans le sens que lui donne le mémorable ordre du jour du 28 décembre 1850, à quoi bon adopter une loi nouvelle pour lui faire donner la même interprétation et la même portée ? Si, au contraire, la Constitution ne garantit pas les représentants contre la contrainte par corps, l'Assemblée n'a plus qu'à s'humilier devant sa précipitation et devant son ignorance ; elle n'a plus qu'à retirer son ordre du jour, à faire amende honorable au pouvoir judiciaire, et à abandonner le représentant, qui avait été arrêté, aux libres poursuites de ses créanciers. D'un autre côté, si elle adopte les propositions nouvelles dans toute leur teneur, elle viole la Constitution ; elle procède elle-même à sa *révision* sans en avoir le droit et en dehors des formes tracées à cet égard par le pacte constitutionnel lui-même.

Si on nous objecte que l'adoption des projets de loi proposés aura pour effet de donner à la Constitution et à l'ordre du jour du 28 décembre 1850 une interprétation plus claire, plus précise, de nature à lever toutes les incertitudes et à fournir désormais aux tribunaux une règle certaine à suivre à cet égard ; nous y accédons. Mais il ne faut pas qu'on aille plus loin.

Et, malheureusement, c'est ce que ne font pas les propositions déposées. Elles ne se bornent pas à interpréter la Constitution dans le sens que lui avait déjà donné l'ordre du jour ; elles font plus ; elles ajoutent contre le représentant débiteur des sanctions nouvelles, rigoureuses dans le cas où il n'acquitterait pas la dette, cause des poursuites. L'une de ces propositions déclare qu'on considérera comme *démissionnaire* tout représentant qui, dans le délai d'un *mois* à partir de la dénonciation du commandement de payer faite à la questure, n'aura pas satisfait son créancier. Une autre proposition porte qu'il en sera de même, après un délai de trois mois, pour tout représentant en cas de non-payement des amendes, frais et restitutions pécuniaires en matière *criminelle.*

Par ces sanctions nouvelles, par cette mesure de destitution rigoureuse des représentants, que font les projets de lois en question ? Ils violent la Constitution, en y ajoutant des mesures sévères qui ne s'y trouvent pas. En effet, ou la Constitution, suivant l'interprétation de MM. Vatisménil et Creton, pose l'interdiction absolue de la contrainte par corps contre les représentants, dans son art. 36, pendant toute la durée de leur mandat ; ou bien, suivant le sens de l'ordre du jour et suivant notre avis, elle en subordonne l'exercice à l'autorisation préalable de l'Assemblée, par analogie de

la disposition de l'art. 37, pour les poursuites criminelles. La Constitution ne comporte que l'une ou l'autre
de ces interprétations. Rien de plus. Y ajouter, comme
le font les propositions dont il s'agit, la peine de la
destitution, c'est, on le répète, violer le pacte constitutionnel, c'est le *reviser* avant le temps, d'une manière illégale et complétement irrégulière.

Que l'Assemblée nationale y songe! Il est temps de
s'arrêter dans la voie funeste où le pays est engagé.
C'est à elle, par sa sagesse, par la maturité de ses
actes, à marquer cet heureux retour aux choses vraies,
grandes et dignes.

En présence du triste et douloureux spectacle dont
nous sommes les témoins; en présence de l'abandon
de toutes les règles, de la confusion et de l'anarchie
qui s'introduit et éclate dans tous les pouvoirs; en présence de l'abaissement de tous les caractères, de l'ab-
juration de toutes les doctrines dont les hommes politiques de notre époque nous donnent, de toutes parts,
le déplorable exemple, la Représentation du pays n'a-
t-elle pas pour devoir impérieux de prendre l'initia-
tive, et de revenir aux principes, au respect d'elle-
même, afin que le peuple sache qu'il y a encore
quelque chose de vrai, de sacré : la loi et l'autorité.

PARIS. — IMPRIMÉ PAR E. THUNOT ET C°, RUE RACINE, 26.